Gallery Books
Editor: Peter Fallon

THE ASTRAKHAN CLOAK

Nuala Ní Dhomhnaill /
Paul Muldoon

THE
ASTRAKHAN
CLOAK

Gallery Books

The Astrakhan Cloak
is first published
simultaneously in paperback
and in a clothbound edition
on 30 November 1992.

The Gallery Press
Loughcrew
Oldcastle
County Meath
Ireland

Poems in Irish © Nuala Ní Dhomhnaill 1991, 1992
Translations © Paul Muldoon 1992

ISBN 1 85235 104 7 (*paperback*)
     1 85235 105 5 (*clothbound*)

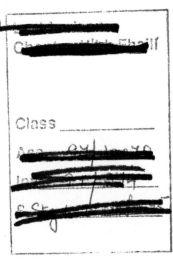

Acknowledgement is due to An Sagart, Maynooth, for poems by Nuala
Ní Dhomhnaill which were published first in *Feis* (1991).
    The Gallery Press receives financial assistance from An Chomhairle
Ealaíon / The Arts Council, Ireland.

Clár/Contents

THE ASTRAKHAN CLOAK

Feis

1

Nuair a éiríonn tú ar maidin
is steallann ionam
seinneann ceolta sí na cruinne
istigh im chloigeann.
Taistealaíonn an ga gréine
caol is lom
síos an pasáiste dorcha
is tríd an bpoll

sa bhfardoras
is ri001ann solas ribe
ar an urlár cré
sa seomra iata
is íochtaraí go léir.
Atann ansan is téann i méid
is i méid go dtí go líontar
le solas órga an t-aireagal go léir.

Feasta
beidh na hoícheanta níos giorra.
Raghaidh achar gach lae i bhfaid is i bhfaid.

2

Nuair a osclaím mo shúile
ag teacht aníos chun aeir
tá an spéir
gorm.
Canann éinín aonair
ar chrann.

Carnival

1

When you rise in the morning
and pour into me
an unearthly music
rings in my ears.
A ray of sunshine comes
slender and spare
down the dark passageway
and through the gap

in the lintel
to trace a light-scroll
on the mud floor
in the nethermost
sealed chamber.
Then it swells
and swells until a golden glow
fills the entire oratory.

From now on
the nights will be getting shorter
and the days longer and longer.

2

When I open my eyes
to come up for air
the sky
is blue.
A single bird sings
in a tree.

Is cé go bhfuil an teannas
briste
is an ghlaise
ídithe ón uain
is leacht meala leata
mar thúis
ar fuaid an domhain,
fós le méid an tochta
atá eadrainn
ní labhrann ceachtar againn
oiread is focal
go ceann tamaill mhaith.

3

Dá mba dhéithe sinn
anseo ag Brú na Bóinne —
tusa Sualtamh nó an Daghdha,
mise an abhainn ghlórmhar —

do stadfadh an ghrian is an ré
sa spéir ar feadh bliana is lae
ag cur buaine leis an bpléisiúr
atá eadrainn araon.

Faraoir, is fada ó dhéithe
sinne, créatúirí nochta.
Ní stadann na ranna neimhe
ach ar feadh aon nóiméad neamhshíoraí amháin.

And though the tension
is released
and the chill
gone from the air
and a honeyed breath spreads
like frankincense
about the earth
such is the depth of emotion
we share
that neither of us speaks
as much as a word
for ages and ages.

3

If we were gods
here at Newgrange —
you Sualtam or the Daghda,
myself the famous river —

we could freeze the sun
and the moon
for a year and a day
to perpetuate the pleasure
we have together.

Alas, it's far from gods
we are, but bare, forked creatures.
The heavenly bodies stop
only for a single, transitory moment.

4

Osclaíonn rós istigh im chroí.
Labhrann cuach im bhéal.
Léimeann gearrcach ó mo nead.
Tá tóithín ag macnas i ndoimhneas mo mhachnaimh.

5

Cóirím an leaba
i do choinne, a dhuine
nach n-aithním
thar m'fhear céile.

Tá nóiníní leata
ar an bpilliúr is ar an adharta.
Tá sméara dubha
fuaite ar an mbraillín.

6

Leagaim síos trí bhrat id fhianaise:
brat deora,
brat allais,
brat fola.

7

Mo scian trím chroí tú.
Mo sceach trím ladhar tú.
Mo cháithnín faoi m'fhiacail.

4

A rose opens in my heart.
A cuckoo sings in my throat.
A fledgeling leaps from my nest.
A dolphin plunges through my deepest thoughts.

5

I straighten the bed
for you, sweetheart:
I cannot tell
you and my husband apart.

There are daisies strewn
on the pillow and bolster:
the sheets are embroidered
with blackberry-clusters.

6

I lay down three robes before you:
a mantle of tears,
a coat of sweat,
a gown of blood.

7

You are a knife through my heart.
You are a briar in my fist.
You are a bit of grit between my teeth.

8

Thaibhrís dom arís aréir:
bhíomair ag siúl láimh ar láimh amuigh faoin spéir.
Go hobann do léimis os mo chomhair
is bhain greim seirce as mo bhráid.

9

Bhíos feadh na hoíche
ag tiomáint síos bóithre do thíre
i gcarr spóirt béaloscailte
is gan tú faram.
Ghaibheas thar do thigh
is bhí do bhean istigh
sa chistin.
Aithním an sáipéal
ag a n-adhrann tú.

10

Smid thar mo bhéal ní chloisfir,
mo theanga imithe ag an gcat.
Labhrann mo lámha dhom.
Caipín snámha iad faoi bhun do chloiginn
dod chosaint ar oighear na bhfeachtaí bhfliuch.
Peidhleacáin iad ag tóraíocht beatha
ag eitealaigh thar mhóinéar do choirp.

8

I dreamt of you again last night:
we were walking hand in hand through the countryside
when you suddenly ambushed
me and gave me a lovebite on my chest.

9

I spent all last night
driving down the byroads of your parish
in an open sports car
without you near me.
I went past your house
and glimpsed your wife
in the kitchen.
I recognise the chapel
at which you worship.

10

You won't hear a cheep from me.
The cat has got my tongue.
My hands do all the talking.
They're a swimming cap about your head
to protect you from the icy currents.
They're butterflies searching for sustenance
over your body's meadow.

11

Nuair a dh'fhágas tú
ar an gcé anocht
d'oscail trinse ábhalmhór
istigh im ucht
chomh doimhin sin
ná líonfar
fiú dá ndáilfí
as aon tsoitheach
Sruth na Maoile, Muir Éireann
agus Muir nIocht.

11

When I left you
at the quay tonight
an enormous trench opened up
in my core
so profound
it would not be filled
even if you were to pour
from one utensil
the streams of the Mull of Kintyre
and the Irish Sea and the English Channel.

Radharc ó Chábán tSíle

Le hathrú an tsolais tosnaíonn na bruachbhailte ag geonaíl.
Searrann is tagann chucu féin tar éis lae eile a bhí folamh fuar.
Filleann leanaí ó scoileanna is daoine fásta ón obair sa chathair
le hoscailt fuinneoga is doirse ba dhóigh leat na tithe ag
  meangadh athuair.

I measc na línte bána tithíochta foghraíonn fothram fo-chairr.
Gaibheann lucht rothar thar bráid i strillíní mantacha dubha.
Éalaíonn ribíní deataigh ó gach simléir; i gcistiní
tá scáileanna laistiar des na cuirtiní lása ag ullmhú suipéir.

Éiríonn liathróidí caide idir chrainn ghiúise na gcúlghairdín.
Tá madra caorach breac is sotar gallda ar an bplásóg
mar a bhfuil *round*áil sliotar le clos is scata garsún ag scréachaíl.
Tá dhá snag breac go dícheallach i mbun cleatarála ar an díon.

Lasann fuinneoga móra na seomraí suite le loinnir ghorm
is tá teaghlaigh ag cruinniú timpeall ar scáileáin na dteilifíseán,
mar a bhfuil an nuacht ar siúl is iad ag rá go bhfuil buamaí is
  diúracáin
ag titim ar bhruachbhailte mar seo i mBaghdad, Tel Aviv,
  Dhathran.

Eanáir, 1991

The View from Cabinteely

A swivel-wing of light. The suburban drone
kicking in after one more hopeless day.
Kids home from school. Grown-ups from the job.
Doors and windows flashing. Grimaces. Grins.

A car backfires in the next avenue.
The bicycle-brigade in headlong, straggling retreat.
Smoke rising from chimneys. Those shades
behind lace shades, cooking up a storm.

In back-yards footballs score direct hits
between pines. A collie and an English setter
dispute a bit of green. The thunk of a hurley-ball.
Two magpies on the roof, giving it their all.

The picture-windows now have a blue glow
where families huddle round their TV screens
for news of the missiles and smart bombs
falling on the suburbs of Baghdad, Tel Aviv, Dhahran.

January, 1991

Titim i nGrá

Titim i ngrá gach aon bhliain ins an bhfómhar
leis na braonaíocha báistí ar ghloine tosaigh an chairr,
leis an solas leicideach filiúil ag dul thar fóir
na gcnoc ag íor na spéire os mo chomhair.
Le duilleoga dreoite á gcuachadh i mo shlí go cruiceach,
le muisiriúin, lúibíní díomais ar adhmad lofa,
titim i ngrá fiú leis an gcré fhuar is an bogach
nuair a chuimhním gurb é atá á thuar dúinn fós, a stór.

Titim i ngrá le gach a bhfuil ag dul as:
leis na prátaí ag dubhadh is ag lobhadh istigh sa chlais,
leis na *Brussels sprouts* ag meirgiú ar na gais
ruaite ag an mbleaist seaca, searbh is tais.
Na rútaí airtisióc á gcreimeadh ag an luch,
na ruacain bodhar is doimhin sa ghaineamh fliuch,
na gráinní síl faoi iamh sa talamh, slán.
Titim i ngrá, beagáinín, leis an mbás.

Is ní hí an titim, ná an t-éirí aníos
san earrach — an searradh guaille, an cur chun cinn arís,
ag tabhairt faoin saol, ag máirseáil bhóithrín an rí
is measa liom, ach an t-amhras atá orm faoi.
Croithimid dínn brat sneachta, an tocht cleití
oigheartha a thiteann ó ál na n-éan neamhaí.
Caithimid uainn é, mar dhuairceas, i gcúil an choicís,
meallta ag straois na gréine is an teas.

I Fall in Love

I fall in love, in the fall of every year,
with the smattering of rain on my windshield
and the pale and wan light toppling over the sheer
edge of my field
of vision, with leaves strewn in my way,
with the bracket-fungus screwed to a rotten log:
I fall in love with bog and cold clay
and what they hold in store for me and you, my dear.

I fall in love with all that's going off:
with blackened spuds
rotting in their beds, with
Brussels sprouts nipped in the bud
by a blast of frost, rat-eaten artichokes, and,
like so many unpicked locks,
the tares and cockles buried in shifting sand;
it's as if I fall in love a little with death itself.

For it's neither the fall nor the coming to in spring —
neither shrug of the shoulders nor sudden foray
down that boring 'little road of the King' —
but something else that makes me wary:
how I throw off the snowy sheet and icy quilt
made of feathers from some flock
of Otherworldly birds, how readily I am beguiled
by a sunny smile, how he offers me a wing.

An Bhatráil

Thugas mo leanbhán liom aréir ón lios
ar éigean.
Bhí sé lán suas de mhíola is de chnathacha
is a chraiceann chomh smiotaithe is chomh gargraithe
go bhfuilim ó mhaidin ag cur ceiríní teo lena thóin
is ag cuimilt *Sudocrem* dá chabhail
ó bhonn a choise go clár a éadain.

Trí bhanaltra a bhí aige ann
is deoch bhainne tugtha ag beirt acu dó.
Dá mbeadh an tríú duine acu tar éis tál air
bheadh deireadh go deo agam leis.
Bhíodar á chaitheamh go neamheaglach
ó dhuine go chéile,
á chur ó láimh go láimh, ag rá
'Seo mo leanbhsa, chughat do leanbhsa.
Seo mo leanbhsa, chughat do leanbhsa.'

Thángas eatarthu isteach de gheit
is rugas ar chiotóg air.
Thairrigíos trí huaire é tré urla an tsnáith ghlais
a bhí i mo phóca agam.
Nuair a tháinig an fear caol dubh romham
ag doras an leasa
dúrt leis an áit a fhágaint láithreach
nó go sáfainn é.
Thugas faobhar na scine coise duibhe
don sceach a bhí sa tslí
romham is a dhá cheann i dtalamh aige.

Bhuel, tá san go maith is níl go holc.
Tá fíor na croise bainte agam
as tlú na tine
is é buailte trasna an chliabháin agam.

The Battering

I only just made it home last night with my child
from the fairy fort.
He was crawling with lice and jiggers
and his skin was so red and raw
I've spent all day putting hot poultices on his bottom
and salving him with *Sudocrem*
from stem to stern.

Of the three wet-nurses back in the fort,
two had already suckled him:
had he taken so much as a sip from the third
that's the last I'd have seen of him.
As it was, they were passing him around
with such recklessness,
one to the next, intoning,
'Little laddie to me, to you little laddie.
Laddie to me, la di da, to you laddie.'

I came amongst them all of a sudden
and caught him by his left arm.
Three times I drew him through the lank of undyed wool
I'd been carrying in my pocket.
When a tall, dark stranger barred my way
at the door of the fort
I told him to get off-side fast
or I'd run him through.
The next obstacle was a briar,
both ends of which were planted in the ground:
I cut it with my trusty black-handled knife.

So far, so good.
I've made the sign of the cross
with the tongs
and laid them on the cradle.

Is má chuireann siad aon rud eile nach liom
isteach ann
an diabhal ná gurb é an chaor dhearg
a gheobhaidh sé!
Chaithfinn é a chur i ngort ansan.
Níl aon seans riamh go bhféadfainn dul in aon ghaobhar
d'aon ospidéal leis.
Mar atá
beidh mo leordhóthain dalladh agam
ag iarraidh a chur in iúl dóibh
nach mise a thug an bhatráil dheireanach seo dó.

If they try to sneak anything past
that's not my own, if they try to pull another fast
one on me, it won't stand a snowball's
chance in hell:
I'd have to bury it out the field.
There's no way I could take it anywhere next
or near the hospital.
As things stand,
I'll have more than enough trouble
trying to convince them that it wasn't me
who gave my little laddie this last battering.

An Traein Dubh

Tagann an traein dubh
isteach sa stáisiún
gach oíche chomh reigleáilte
leis an gcóiste bodhar.
Bíonn na paisinéirí
ag feitheamh léi ag an ardán.
Aithnítear iad cé nach bhfuil réalt bhuí
fuaite ar aon cheann.

Tá cuid acu óg, lúfar
i mbarr a maitheasa.
Tá cuid acu críonna,
iad cromtha as a ndrom.
Tá cuid acu is níor dhóigh leat
go rabhadar marcáilte,
iad gealgháireach
le feirc ar chaipín is feaig fiarsceabhach.

Ach duine ar dhuine, bordálann siad
an traein chéanna
atá ag feitheamh leo go dúr
mar bheithíoch borb.
Tá gal á séideadh aici
as polláirí a cuid píobán.
Bogann sí chun siúil ansan
gan glao fiteáin ná doird.

Is maidir linne,
séanaimid a gcomhluadar.
Dúnaimid ár súile
is nímid ár lámha.
Ólaimid caifé is téimid
i mbun ár ngnótha
ag ligint orainn féin
nach bhfuil siad ann.

The Black Train

As surely as the Headless Horseman
came to Ichabod Crane,
into the station every night
comes the black train.
Waiting on the platform
are the passengers themselves,
easily distinguished though they wear
no yellow stars on their sleeves.

Some are young, in the prime
of life, still on the up and up,
some so well past their prime
their backs are bent like hoops.
Many of them, you'd hardly think
were marked for death,
what with smiles all round,
the jaunty cap, the fag in the mouth.

But one by one
they all will mount
the gangway of the Windigo
that stands there, adamant,
blowing steam
from its great nostril-valves
before slouching away
to the strains of no whistles nor fifes.

As far as the rest of us are concerned,
we wash our hands
of them. We give them a wide berth.
We bury our heads in the sand.
We grab another espresso
and, with renewed zest,
go about our business
as if they didn't exist.

Is mealltar sinn le spraoi,
le comhacht, le hairgead,
leis an domhan gléigeal,
le saol an mhada bháin
is dearmadaimid
go bhfuilimid fós sa champa géibhinn
céanna is gan aon dul as againn
ach tríd an ngeata cláir

mar a bhfuil tiarnaí dorcha an bháis
ag feitheamh faoi éide.
Treoróidh siad láithreach sinn
ar chlé, go dtí an traein.
Níl éinne againn nach dtriallfaidh
ann uair éigin.
Níl éinne beo nach bhfuil sí dó
i ndán.

We're so taken by the fun and games
of power and money — such is the allure
of the glistering world
and our wish for the life of Reilly —
we forget
we're all in the same holding-camp: we forget
there's no way out
but through the gateless gate

where the guards
are waiting in uniform
to herd
us down the platform
to the left and into the cattle-wagons
and on to Dachau or Belsen.
There's no one for whom it's not a foregone
conclusion.

Lá Chéad Chomaoineach

Ar ndóigh táimid déanach. Sleamhnaímid isteach sa phiú
    deireanach
i mbun an tsáipéil, an cailín beag sa ghúna bán ar an ngrua.
Tá an t-iomann iontrála thart is daoine ag rá an ghnímh aithrí:
A Thiarna déan trócaire, éist le mo ghuí is ná stop do chluais.

Sliochtanna as an mBíobla, an Chré is an Phaidir Eocaraisteach,
gaibheann siad trím chroí ar eiteoga, mar ghlór toirní i stoirm.
Tá an cór ag canadh 'Hósana ins na hardaibh',
gur ag Críost an síol, is ina iothlann go dtugtar sinn.

Is tá an mórshiúl Comaoineach de gharsúin is de ghearrchailí
    beaga
ina ngúnaí cadáis nó a gcultacha le *rosette* is bonn
ar chuma ealta mhín mhacánta d'éanlaithe feirme
á seoladh faoin bhfásach gan tréadaí ná aoire ina mbun.

Agus is mise an bhean go dubhach ag áireamh a cuid géanna sa
    mbealach,
ag gol is ag gárthaíl, ag lógóireacht don méid a théann ar fán,
iad á stracadh ó chéile ag sionnaigh is mic tíre ár linne — an
    tsaint,
druganna, ailse, gnáthghníomhartha fill is timpistí gluaisteán.

Deinim seó bóthair dínn. Tarrac beag mear ar mo sciorta.
'A Mhaimí, a Mhaimí, canathaobh go bhfuileann tú ag gol?'
Insím deargéitheach: 'Toisc go bhfuil mo chroí ag pléascadh
le teann bróid is mórtais ar lá do chomaoineach, a chuid,'

mar ag féachaint ar an ealta bhán de chailíní beaga,
gach duine acu ina coinnleoir óir ar bhord na banríona,
conas a inseod di i dtaobh an tsaoil atá roimpi,
i dtaobh na doircheachta go gcaithfidh sí siúl tríd

ina haonar, de mo dheargainneoin, is le mo neamhthoil?

First Communion

Fashionably late, as usual, we slide into the last pew,
my daughter in her white communion dress.
The entrance hymn is over. They're half-way through
their 'Hear our prayers, O Lord, have mercy on us.'

The Epistle and Gospel, the Creed, the Eucharist
are thunder-claps going clean
through my heart. 'Hosanna in the highest,'
the choir sings, it is Christ's to sow, to reap, to glean.

The Communion procession of little men
and women in cotton frocks or suits with rosettes and medals
look for all the world like a flock of hens
left to fend for themselves in the middle

of nowhere: I myself am the woman in the road who vexes
over her gaggle of geese, over all those slashed
and burned by our latter-day foxes
and wolves — greed, drugs, cancer, skulduggery, the
    car-crash.

I make a holy show of us. There's a little tug at my skirt:
'Mammy, why are you moaning?'
'Because,' I bite my tongue, 'because my heart
is filled with pride and joy on the day of your First
    Communion.'

When I look at the little white girl-host
comelier than golden candlesticks at Mother Mary's feet
what can I tell her of the vast
void

through which she must wander alone, over my dead body?

An Poll sa Staighre

Tá poll sa staighre
istigh ionam.
Ní féidir liom é a threascairt.
Laethanta ní bhíonn le déanamh leis

ach fanacht ag póirseáil timpeall
i ndoircheacht an tsiléir
is troscáin smúiteacha na seomraí íochtaracha
á n-aistriú agam ó thaobh go taobh.

Tá rósanna feoite i bprócaí ann.
Tá madraí deilfe ar an gclabhar.
Tá olaghraf den gCroí Ró-Naofa
is lampa pairifín múchta os a chomhair.

Tá na cuirtíní ina mbrangóidí.
Tá siad ite ag na leamhain
is ag amhailteacha na hoíche
a fhágann mus fuarbholaidh ins gach ball.

Tá glas ar an bpianó.
Tá meirg ar an nglas.
Tá an mheirg ag creimeadh an chroí ionam
is ní féidir liom teacht as.

Ach tá laethanta go mbím lúcháireach
is le haon léim lúfar as mo chorp
scinnim isteach sna seomraí uachtaracha
is dalltar glan mé ag an solas.

The Crack in the Stairs

There's a crack in the flight of stairs
at my very core
that I simply can't get round or traverse.
For days on end, I can do little more

than rummage and root
through the gloom
of the cellar, or try out
the dusty furniture I trundle from room

to lower room: there's a rose withered
in its pot; a china dog slumped
on the mantel; an oleograph of the Sacred Heart
and, before it, a paraffin lamp

that's long since snuffed it. The drapes
have been shredded by moths, as well
as the nightly phantom-troop
who leave a familiar, all-pervasive smell.

The piano is under lock and key
and the lock is hard
with rust, while I myself cannot break free
of what's eating away at my heart.

Other days, though, I'm so full of vrouw-vroom
I'll take the flight
of stairs with a single bound, into some upper room
where I'm blinded, blinded by the light.

Dípfríos

Cornucopia na haoise, an cóifrín draíochta
as a dtógaimid nua gacha bia agus sean gacha dí —
oiread sólaistí agus d'iarrfadh do bhéal
is gan aon dá ghreim acu ar aon bhlaiseadh.

Bolg soláthair gach teaghlaigh, tobar slánaithe
ár n-ocrais oidhreachtúil ná méadaíonn
is ná téann i ndísc. Adhraimid a chairn
ollmhaitheasa. Níl aon teora lena shlaodaibh oigheartha

de mhil is uachtar, de phéitseoga is úlla,
de strúisíní Gaelacha, sceallóga,
ceathrúna mairteola ina fheoil mhionaithe,
iarphroinnte, cístí milse, dhá chaora.

Tá cúig bhollóg aráin ann is dhá iasc
faoi choinne sluaite comharsan (má thagann siad).
Is cé chuir an cat marbh seo i measc an spionáiste?
— A Jimín Mháire Thaidhg, gearánfad tú led Mham!

Suite go buacach i gcroílár gach cisteanach
feidhmíonn mar mheafar bunaidh ár sibhialtachta.
Is iad ceolta sí na cruinne seo a chluinimid
ná a mhiam sástachta, cáithníní áthais srutha leictrise.

Momento mori, par excellence, ná feaca
riamh ceann, samhlaoid uafar ar an díog
dar di sinn is gur chuici atáimid;
íomhánna greanta gach a gcúblálaimid inti:

marbh agus cruaidh is chomh fuar leis an uaigh.

Deep-Freeze

A modern Horn of Plenty, a magic coffer
from which we take the best of food and drink —
every comestible we might savour
and no two tasting the same. A trunk

of household odds and ends, a healing well
that staves off our deepest hungers, it ne'er o'erbrims
nor gangs dry. We adore its monumental
wealth, its illimitable, icy streams

of milk and honey, apples and peaches,
Irish stews, crinkle-cut chips,
pre-ground legs of beef, batches
of dessert, sweet cakes, a couple of whole sheep.

Here are the five loaves and two Spanish
mackerel to feed the multitude, if ever they come —
Who put the dead cat in with the spinach? —
Jimín Mháire Thadhg! Wait till I tell your mum!

In the dead centre of every kitchen
it holds its own, it glumly stands its ground:
these are the strains of no Otherworldly musicians
but the hum of its alternating current.

From here, if ever I saw one, is a fit
emblem of the ditch or long barrow
from which we derive and wherein lies our fate:
it chills me to the marrow

that we should most truly find ourselves
among its fatted and its golden calves.

Caitlín

Ní fhéadfá í a thabhairt in aon áit leat,
do thabharfadh sí náire is aithis duit.
Díreach toisc go raibh sí an-mhór ina *vamp*
thiar ins na fichidí, is gur dhamhas sí an Searlastan
le tonntracha méiríneacha ina gruaig dhualach thrilseánach;
gur phabhsae gléigeal í thiar i naoi déag sé déag,
go bhfacthas fornocht i gConnachta í, mar áille na háille,
is ag taisteal bhóithre na Mumhan, mar ghile na gile;
go raibh sí beo bocht, gan locht,
a píob mar an eala, ag teacht taobh leis an dtoinn
is a héadan mar shneachta,

ní théann aon stad uirthi ach ag maíomh
as na seanlaethanta, nuair a bhíodh sí ag ionsaí
na dúthaí is an drúcht ar a bróga,
maidin Domhnaigh is í ag dul go hEochaill
nó ar an mbóthar cothrom idir Corcaigh agus Dúghlas,
Na rudaí iontacha a dúirt an Paorach fúithi
is é mar mhaor ar an loing. Is dúirt daoine eile
go mbeadh an Éirne ina tuilte tréana, is go réabfaí
cnoic. Murab ionann is anois nuair atá sí ina baintreach tréith
go raibh sí an tráth san ina maighdean mhómhar, chaoin,
    shéimh
is díreach a dóthain céille aici chun fanacht i gcónaí
ar an dtaobh thall den dteorainn ina mbítear de shíor.

Ba dhóigh leat le héisteacht léi nár chuala
sí riamh gur binn béal ina thost, is nach mbíonn
in aon ní ach seal, go gcríonnann an tslat le haois
is fiú dá mba dhóigh le gach spreasán an uair úd
go mba leannán aige féin í, go bhfuil na laethanta san thart.
Cuirfidh mé geall síos leat nár chuala sí leis
mar tá sé de mhórbhua aici agus de dheis

Cathleen

You can't take her out for a night on the town
without her either showing you up or badly letting you down:
just because she made the Twenties roar
with her Black and Tan Bottom — O Terpsichore —
and her hair in a permanent wave;
just because she was a lily grave
in nineteen sixteen; just because she once was spotted
quite naked in Cannought, of beauties most beautied,
or tramping the roads of Moonstare, brightest of the bright;
just because she was poor, without blemish or blight,
high-stepping it by the ocean with her famous swan's prow
and a fresh fall of snow on her broadest of broad brows —

because of all that she never stops bending your ear
about the good old days of yore
when she crept through the country in her dewy high heels
of a Sunday morning, say, on the road to Youghal
or that level stretch between Cork and Douglas.
There was your man Power's ridiculous
suggestion when he was the ship's captain, not to speak
of the Erne running red with abundance and mountain-peaks
laid low. She who is now a widowed old woman
was a modest maiden, meek and mild, but with enough
   gumption
at least to keep to her own
side of the ghostly demarcation, the eternal buffer-zone.

For you'd think to listen to her she'd never heard
that discretion is the better part, that our names are writ
in water, that the greenest stick will wizen:
even if every slubberdegullion once had a dream-vision
in which she appeared as his own true lover,
those days are just as truly over.
And I bet Old Gummy Granny
has taken none of this on board because of her uncanny

gan aon ní a chloisint ach an rud a 'riúnaíonn í féin. Tá mil ar an ógbhean aici, dar léi, agus rós breá ina héadan. Is í an sampla í is fearr ar m'aithne de bhodhaire Uí Laoghaire.

knack of hearing only what confirms
her own sense of herself, her honey-nubile form
and the red rose, proud rose or canker
tucked behind her ear, in the head-band of her blinkers.

An Chinniúint, Mar Chat Dorcha

Tráthnóintí samhraidh ar an mBaile Loiscithe,
(b'fhéidir nach raibh ann ar deireadh ach aon tráthnóna
amháin) bhíomair chomh hóg is i ngrá is gan aon speilp orainn
ag caitheamh uaireanta fada a' chloig ag tógaint gach re bolgam
as aon phionta beorach amháin. Ceo brothaill ar an gcuan,
sinn ag féachaint ar na báid is na lastlonga
ola ag traibhleáil thar bráid go malltriallach,
iad ag beannú dá chéile i ndainséaracht an cheobhráin
le moladh is mórtas, le trí ghlao fada bonnáin.

Thíos sa Pholl Gorm tá leanaí is déagóirí ag scréachaigh,
ag tomadh i ndiaidh a gcinn is ag gleáchas i measc na dtonn.
Tá monabhar bog crónánach le clos ó dhaoine ag siúl timpeall
gan faic le déanamh acu, gan cíos, cás ná cathú.
Bíonn ár gcéad bhruíon againn. Tagann tú amach as an gcistin
ag rá liom go bhfuil caint ag 'blackbird' atá istigh.
'Fastaím ó thuaidh', a fhógraímse, 'ná níl aon chaint ag lon
    dubh'
is bímid ag ithe is ag bearradh ar a chéile ar feadh tamaill
sara dtuigim nach 'blackbird' atá i gceist in aon chor, ach
    'mynah',

is ar ndóigh, is 'black bird' é sin chomh maith le cách.
Dearmaidí beaga foghraíochta ag cur an chroí trasna orainn.
Nílimid ach ag cur aithne ar a chéile is dar linn ní fiú trácht
ar na difríochtaí móra meoin is cultúrtha atá eadrainn.
Is dóigh linn go mairfidh an sonas seo ins an tsíoraíocht
go bhfuil rith an ráis linn, go leanfaidh an saol seo faoi
    dhraíocht.
Sinn beirt suite ar aon bhinse ag éisteacht le héanlaithe in
    éanlann
i ngairdín tí tábhairne. Ar an lána lasmuigh dóibh tá lon
dubh á ngríosadh chun barr feabhais is á leanúint le teann
    pléisiúra,

Destiny

All those summer evenings in Ballinloosky (it was never
more than one evening, perhaps)
we're young, in love, without two pennies to rub together,
and we while away the hours by taking alternate sips
from a single, solitary pint. The bay's so overcast,
what with a heat-haze, that the oil-tankers and factory-ships
laboriously making their way past
gravely and gloriously salute each other
with three long boom-blasts.

Down at the Poll Gorm, the whoops of youngsters and teens
as they gallivant through the waves into which they've hurled
themselves. The droning on and on
of passers-by with time to kill and not a care in the world.
Our first major quarrel, when you announce
that you've found, in the kitchen, a talking blackbird.
'A talking *blackbird*? Stuff and nonsense. Absolute baloney.'
And we're snapping and sniping away for ages until it dawns
on me it's not a 'blackbird' but a 'mynah'

which is a 'black bird', yes indeed.
Such little matters of stress lead to major stress and strain:
we're just getting to know each other and pay no heed
to the 'vast culture-gap' and the 'ne'er the twain . . . . '
We imagine that this happiness can last for ever and ever,
that all's hunky-dory, that nothing can come between
us to break the spell: we're sitting on a bench by an aviary
in a beer-garden; from the lawn a blackbird incites
a riot of finches and spurs them on to higher and yet again
    higher

agus canathaobh ná mairfeadh an sonas seo ar feadh na mblian?
Ní thuigimid fós go bhfuil tóineacha stoirme ag bailiú orainn
is go raghaimid ceangailte i ngaiste lucht mailíse is biadáin.
Go bhfuil mogalra dlúth ár namhad ag teannadh go tiubh linn
is go dtitfimid in umar cruáltachta nach eol dúinn bheith ann.
Cheana féin tá an chinniúint, mar chat dorcha ag fairís faoi
     bhun
chrainn troim sa chúinne, ina luí i luíochán, a liodáin tairrícthe
is a shúile ag glinniúint. Tabharfaidh sé aon fháscadh ruthaig
marfach amháin ar an lon, m'anam ceolta, is m'uileacán
     dubh ó.

trebles and trills . . . . In Ballinloosky this long, hot summer,
little do we know that storm clouds loom on the horizon
and that we'll soon be enmeshed in vile rumours.
Our enemies are even now tightening their seines.
We're oblivious of the cruel trough
into which we'll sink. For destiny's a black cat with designs
on me from under the impending elder-bush: its claws
    unsheathed
and its eyes aglow, it'll make one lithe, limber,
lethal attack. My exultant singing spirit. My ululations of
    grief.

Deora Duibhshléibhe

Trasnaím Mám Conrach
ar thuairisc mo ghaolta
is níl siad ann,
is tiomáinim liom cruinn díreach
ar aghaidh i dtreo Shruibh Bhroin.
Tá tithe na Machairí
ag glioscarnach mar chlocha scáil
is léas ar an uisce
mar bhogha síne iomlán
is gan an bogha le fáil.

Dá mbuailfinn anois leis an mBean Sí
Deora Duibhshléibhe
is í ag teacht ag caoineadh
Ghearaltaigh Mhurargáin:
seanbheainín liath faoi chlóca uaithne
is madra beadaí faoina hascaill
(*chihuahua*, ní foláir)

n'fheadar an mbeadh sé de mheabhair agam
is de éirim chinn
fiafraí
cad a bhainfeadh an draíocht
den Dún idir Dhá Dhrol
atá sna huiscí thíos
is an léas seo os a chionn
mar scáil?

Nó ab ann ab amhlaidh
a bheannóinn di go simplí
is í ag dul thar bráid
faoi mar a dheineas anois
ó chianaibhín
le bean ón áit.

Dora Dooley

Over the Conor Pass I come
to visit my relations
but they're not at home
so I drive straight on
towards Brandon Point.
The houses on the Maheree Islands
glister like so many Kerry diamonds
and there's a weird light off the bay
like a rainbow
that's only partially bent.

If I should now come upon
the banshee Dora Dooley
on her way to keen
the Fitzgeralds of Murrargane
with her cloak of green astrakhan
and a lap-dog under her oxtereen
(a chihuahua undoubtedly),

I wonder if I might have the wit
and the presence of mind
to ask her if she happens to know
what it would take to lift the spell
on the sunken fort
that lies here under the sea-swell
with this weird light hanging over it
like an incomplete rainbow.

It's more likely, though,
that I'd merely give her a wave
as she went by
just as I did
only a short time ago
to a little, old, local lady.

Carraig na bhFiach

'Tá ceithre creasa ar an ndomhan,
leanaigh do cheann is gheobhair eolas,'
a dúirt an tseanbhean liom sa taibhreamh,
í siúd a chasann an domhan mór ar a fhearsaid.

Is maidin gheimhridh leanaim na comharthaí sóirt
a aithním sa ghrian, sa talamh is san aer,
is téim i ndiaidh mo shróna síos le sruth
na habhann chomh fada leis an gcor ag Carraig na bhFiach.

Trasna uaim tá faill dhorcha sceallachloch
ag gobadh amach chomh mómharach le beann
is timpeall orm tá ciorcal draíochta glóir
ós na clocha corra i mo dhiaidh is Poll an Easa romham.

Siúlaim isteach san abhainn. Tá sé garbh fuar.
Ba dhóigh leat an dá chois orm reoite ag an oighear,
ach leanaim i gcónaí ag cur coise romham
go sroichim an bruach eile thall, faoi sciathán den bhfaill.

Tá luibh Eoin Baiste dreoite istigh sa scoilt
is ceannaíocha dubha ó anuraidh mar gheosadáin.
Tá caonach chomh tiubh le duileascar na gcloch
ag fás ins an bhfothain is ribíní fada eidhneáin.

Tógaim mo cheann; tá an cuileann fós go glas
is an bheith go niamhrach grástúil os mo chionn.
Craithim sceach gheal is titeann brat sceachóirí le sruth
is ithim ceann nó dhó acu in éamais an chnó

At Ravens' Rock

The Great One who turns the earth on its spindle-spit
spoke to me in a dream-vision:
'Into four zones the world is split:
follow your nose and you'll come to wisdom.'

This winter morning, so, I've followed
the signs in the sun and the earth and the heavens
and kept pace with a rivulet
to where it bends at the Rock of the Ravens.

Across from me is its dark shale overhang
every bit as majestic as Everest, while all
about is the magic ring
of the rapids behind me, before me the waterfall.

I step into water so icy-cold it seems
my legs are frozen stiff
yet I persevere across the stream
to the other side and stand under the cliff.

A sprig of St John's Wort in a cleft
and last year's knapweed, limp and listless.
Trails of ivy to right and left.
Moss thick as dyer's moss among the thistles.

I lift my head. The graceful birch that gleams
and the ever-verdant holly.
I shake a hawthorn and it teems
haws, a couple of which I eat in lieu

choille a shlogann an bradán chun go bhfaigheann fios.
Mo ghrua i gcoinne na cloiche gheibhim deis
teacht chugam féin, slán ón mbearna bhaoil,
mo cheann a chruinniú, bheith préamhaithe sa talamh is saor

ó arrachtaí na samhlaíochta is ós na deamhain aeir.

of the filbert
eaten by the Salmon of Knowledge. I press my cheek
to the rock. I compose myself. All at once I'm delivered
from danger, earth-bound, able to hold in check

the monsters of the imagination, the demons of the air.

Na Trí Shraoth

'Mo mhuintir faoi ndeara é.
Do ligeas trí shraoth.
Má airíodar aon cheann acu
níor ligeadar orthu é.

Do ligeas an chéad cheann
in aois a dó dhéag,
is mé i mbéal na meanáirce
do bhuaileadh orm taom.

Do ligeas an tarna ceann
is mé i mo chailín óg.
Níor chuir éinne Dia lem anam
ná sonuachar chugam níor ghuigh,

ach iad go léir ag obair
is craos orthu chun an tsaoil.
Bhíodar chomh scaimhte sin chuige nár bhraitheadar
mé ag tréigean in aghaidh an lae.

Is anois tá an donas déanta
mar do ligeas an tríú sraoth
ar mo leaba luí seoil, de dhroim linbh,
is cén mhaith dhomh bheith am bheannachadh féin?

Mar is iad t'athair is do mháthair
is dea-ghuí do chairde gaoil
a choinníonn na deamhain aeir is na deamhain uisce
amach ó do thaobh.

Nuair nár léadh an leabhar Eoin ormsa
ní raibh aon chosaint le fáil
is beifear chugam anois sara fada —
braithim é in íochtar mo chnámh.

The Three Sneezes

'My own people are to blame.
I gave three sneezes
and if any of them remarked on even one
they never let on.

I gave the first sneeze
when I was twelve years old.
At the threshold of blood
I was struck down.

I gave the second
when I was of marriageable age.
Not one of them said 'God bless you'
nor wished me a good husband

such was their own passion for work
and their appetite for life.
They were so self-absorbed
they didn't notice my gradual decline.

And now misfortune has struck
for I gave the third sneeze
as I lay in after childbirth.
What's the use in my blessing myself

when it's one's father and mother
and the blessings of one's next of kin
that ward off
the air-demons and the water-demons?

When they didn't read over me from St John
there was no protection to be got
and the demons will come before long.
I feel it in my bones.

Tagann giorria thar an tairsing
anseo isteach gach lá.
Is tá cat is aghaidh fir air
ina shuí le hais an tlú.

Is mo mhallacht ar an airgead
is ar an éirí in airde,
ar an tsaint is ar an saoltacht
ná coinníonn daoine san airdeall

go bhfuil fórsaí na doircheachta
dár n-ionsaí go deo
is gurb é teas colainne ár gcine
a choinníonn sinn beo.'

D'imigh sí uathu,
mo shin-sheanmháthair féin
is bhí ina síofra sa bhfásach
roimh breacadh an lae.

Ach ar bhóthar na Leataithe
is i Leataoibh Meánach féin,
braithim a hanáil fhuar am fháscadh
is am tharrac síos ins an chré.

A hare crosses the threshold
and comes here every day.
A cat with a man's head
sits by the tongs.

And I curse the wheeling and dealing
and the self-aggrandizement
and the eye to the things of this world
that make people lose sight

of the dark powers
that everywhere assail us,
for it's only the body heat
of our loved ones that keeps us alive.'

So it was that she went beyond them,
my own great-grandmother,
and became before dawn
a spirit in the wilderness.

On the road to Leateeve
and in Middle Leateeve itself
I feel her cold breath swaddle me
and drag me down to earth.

Mo Dhá Lugh

Tánn sibh tagaithe ag triall ar an rinceoir dubh,
mo dhá Lugh, mo phíolóití eitleán.
Deireann sibh go b'ann a deineadh í a fhuadach uaibh
ag Sínigh dhanartha, sceimhlitheoirí gruama.

Déanfad mo dhícheall daoibh, tabharfadsa chugaibh í.
Béarfad ón amharclann ar láimh in bhur láthair í,
is imeoidh sibh léi trí chrannaibh na gréine
is trí ardaibh na spéire ar mire in bhur scairdeitleán.

Is nuair a théim thar n-ais go híochtar na hamharclainne,
mo chroí lán de líonrith, is eagla mo mhúchta orm
tugann an bheirt Shíneach dom dhá eochair —
ceann beag óir is ceann eile atá an-mhór.

My Two Lughs

My two latterday charioteers . . . my mercurial
airline pilots . . . you've come to find
the dark dancing-girl
who was snatched from you by cruel Chinese, by a gloomy
   band

of guerrillas or some such terrorist-troop.
I'll do my level best to ferry
her out of the theatre to you: you'll once again loop the loop
through the highest reaches of the stratosphere.

As I make my way backstage
my heart is pounding. I feel as if I might suffocate.
The two long-armed Chinese each
hand me a key: one teeny-weeny, made of gold; the other
   great.

An Sceach Gheal

D'éalaigh an leanbh amach tríd an gcistin ghlan
síos na staighrí cloiche sciomartha go maith le *Vim*
síos an pasáiste dorcha go dtí seomra an bhainne,
an déirí, áit a raibh sciléidí is beistí

ina luí go leisciúil, ag cothú brat maith uachtair.
Bhí boladh géar geall le cáis ós na ceirteacha muislín.
Shatail sí go cúramach, gan aon bhrat smúite a ardú
nó bheadh raic ins an tigh tráthnóna, míle murdal is liú.

Ghaibh sí cliathánach trí gheata beag iata an ghairdín
ina síofra mearluaimneach, ar eagla go mbuailfí bleid
uirthi is go gcuirfí cúraimí uirthi, teachtaireachtaí b'fhéidir
ón siopa nó leanbh i gcliabhán a chaithfí a bheith á chorraí.

Léim thar an *wire*, níor chuaigh a sciorta cadáis in achrann
an turas seo is ansan go hobann bhí sí saor;
na ba go glúine i dtaoide den mbainne bó bleachtáin.
Do thit tonn órga uirthi ón im shocair ar an gcrobh
    préacháin.

Bhí cruideáin ag scinneadh as poill ins an mbanc gainmhe
cois abhann, bhí lon dubh ag scaltarnach go hard
nó ag pípeáil bharnála chomh luath is a tháinig sí in aon
    ghaobhar dó.
Ar chnocán leis féin bhí aon sceach gheal amháin faoi bhláth.

D'umhlaigh an leanbh go talamh os comhair na míorúilte,
do chuaigh ar a glúine sa luachair i lár an mhóinéir.
Ní raibh íomhá na Maighdine os a cionn, mar bhí sa tor úd i
    bhFatima.
Ní raibh, ná faoi bharr lasrach mar thor eile i Sínai. Níor ghá.

The Whitethorn Bush

The child stole out of the kitchen where all was spick and span,
down the stone steps scoured with *Vim*
and the dark corridor to the milking-room
with its skillets and cooling-pans

scattered about, gathering their crusts of cream.
A sharp, almost cheesy, smell rose from the muslin covers.
She picked her steps so as not to raise so much as a mote or
    beam
of dust, otherwise that evening would see the father and
    mother

of all rows. Through the little garden-gate she turned
sideways like a will-o'-the-wisp, fearful she might find
herself called back to do a chore, or run an errand,
or shush an infant

in its cradle. She was careful, as she leaped
the wire, not to snag her cotton dress: now she'd escaped
to wade with cows wading through cowslips;
there broke over her a golden wave of pollen from the
    buttercups.

A pair of kingfishers veered
from their holes in the sandy riverbank, while a blackbird
sounded an alert when she came too close for comfort.
On a hillock a single, solitary whitethorn flared.

Before this vision of visions the little elf
bowed her head and fell to her knees among the rushes:
no image of the Virgin hung above it, nor did it burn,
    like the bush
of Fatima or Sinai: it was wonder enough in itself.

An Bád Sí

Triúr a chonaic is triúr ná faca
na fearaibh ar na maidí rámha,
seaicéidí gorma orthu agus caipíní dearga,
ag dul isteach go Faill na Mná.

Sinne a bhí ag piocadh duilisc
ar na clocha sa Chuaisín —
mise is Neil is Nóra Ní Bhrosnacháin
a chonaic iad is an triúr eile ní fhaca rian.

Bhí ár gceannaibh síos go talamh
ag piocadh linn is ár n-aprúin lán.
Mise is túisce a d'ardaigh m'amharc
nuair a chualamair fuaim na maidí rámha.

Ní fhéadfainn a rá an cúigear nó seisear
fear a bhí istigh sa bhád.
Bhí duine acu thiar ina deireadh á stiúradh
is gan aon chor as ach oiread leis an mbás.

Do liús is do bhéiceas féachaint
isteach faoin bhfaill cár ghaibh an bád.
Chonaic triúr iad is ní fhaca an triúr eile
in áit chomh cúng ná raghadh ach rón.

Is dá mbeidís ag straeneáil ann go maidin
go brách na breithe ní fheicfeadh rian
den mbád úd nárbh aon bhád saolta
a chonac le mo dhá shúil cinn.

Dúirt na seandaoine nár mhithid
teacht abhaile is an Chróin a rá
mar gur minic a bhí a leithéid cheana
á thaibhsiú do dhaoine ar an mbá.

The Fairy Boat

Three who saw and three who didn't
the men rowing for dear life
with their blue jerkins and red bonnets
putting in at the Women's Cliff.

Three of us who were picking dulse
on the rocks at Coosheen,
Nell and Nora and myself,
saw them: the other three saw no sign.

Our heads were intent upon the earth
as we picked away, our aprons full.
I was the first to look up when we heard
the creak of the oars as they pulled.

I couldn't tell if there were five fellows
or six in the skiff:
there was one at the tiller
who looked like Death himself.

I shouted out to look below
under the cliff where, by my soul,
at least three of us had seen them go
through a place so narrow only a seal

might pass. And not before the crack of doom
would we have found a trace
of our unearthly, our phantom,
boat that we saw with our own eyes.

The elders advised us to head home
and say the Rosary
for this same vision had often come
to people out on the sea:

Triúr a chonaic is triúr ná faca
na fearaibh ar na maidí rámha,
seaicéidí gorma orthu is caipíní dearga
ag dul isteach go Faill na Mná.

three who'd seen and three who hadn't
the men rowing for dear life
with their blue jerkins and red bonnets
putting in at the Women's Cliff.

Loch a' Dúin

Laistiar de Bhaile Uí hÓinín
i ngleann i measc na gcnoc
tá faill dhubh os cionn Loch a' Dúin
is eas ar Abha na Scóraide.

Do shiúlamair, mé fhéin is m'fhear
is ár mbeirt leanbh
an trí mhíle de ghairfean sléibhe
i dtreo an ghleanna.

Do chonaiceamair uainn an riabhóg sléibhe
is plandaí an chorraigh,
lus an bhainne — na deirfiúiríní —
is an trian tarraigh.

Do thógamair na leanaí inár mbaclainn
ag léimt na féithe
is nuair a bhíodar traochta ón aistear fada
d'iarradar scéal orm.

'Eachtraigh, a Mham, ná ceil orainn
ár ndúchas féinig,
na treabhchaisí a tháinig romhainn.'
D'eachtraíos is dúrt:

'Nuair a bhí Éire faoi dhraíocht
is dhá cheann ar gach caora
sarar chrúigh an bhean an Ghlas Ghaibhneach
isteach i soitheach a bhí mar chriathar

bhí dair ag fás sa Mhóin Mhór,
is eilití á seilg ann ag na Fianna.
Bhí Éire fós ag Cáit Ní Dhuibhir
is dhá chluas capaill ar Labhraidh Loingseach.'

The Lay of Loughadoon

Behind the townland of Ballyoneen
there is a hanging valley
with a black cliff above Loughadoon
and a waterfall

on the Scoraid. My husband
and I and our two children walked
the three miles of rough ground
to the valley and the lough.

We saw before us the mountain pipit
and various marsh-plants, the sisterhood
of the milkweed pod
and the greater butterwort.

We would leap across bits of marsh
with the children in our arms:
at length they tired of the forced march
and asked me to tell them a yarn.

'Tell us a yarn, Ma: don't gloss over
our heritage, don't draw a veil over those
who were our forebears.'
I began thus:

'When Ireland was still under a spell
and every sheep had two heads forsooth
and before the Inexhaustible
Cow had been milked into the sieve

and oak-trees grew in the Big Bog
where the Fianna went in chase of deer,
the country belonged to Kate Dwyer, begob,
and Larry Lynch had horse's ears.'

Is do chreideadar mé. Fada uathu fós
an scoilt idir an croí is an aigne
idir an Láithreach, an tuar is an tairngreacht,
an Modh Foshuiteach is an Aimsir Chaite.

Shiúlamair linn is fuaireamair romhainn
tuama meigiliteach,
ding ar a raibh cloch-chaipín mhór
is taobh thall de fulach fia.

Dúrt 'Nuair a bhí Fionn is na Fianna
ar fianchoscairt ar fuaid Éireann
ní ithidís ach aon phroinn amháin sa ló
is é sin sa tráthnóna.

Bhíodh tinte móra lasta ag a ngiollaí
is dhá thrinse gearrtha taobh leo
i gceann acu do nídíst iad féin
is sa cheann eile d'ullmhaídíst béile.'

Is d'eachtraíos scéal ar an eilit mhaol
an chú chluasrua is an fia beannach,
an damh, an torc, an faolchú
is an ghríobh ingneach.

Is d'insíos dóibh ainmneacha na n-éanlaithe
a bhíodh á seilg,
an chearc fhraoigh, creabhair na ngoba fada
is an capall coille.

Ar aghaidh linn arís is shuíomair síos
ar leirg cnocáin
mar a raibh radharc iontach ar an oileán sa loch
is a dhún ón Aois Iarainn.

And they believed me: far beyond them still
was the split between sense
and sentiment, prophesy and prophesy fulfilled,
the Subjunctive Mood and the Past Tense.

We walked on till we found
a megalithic tomb or burial-mound,
wedge-shaped, with a great capstone, and by it
an ancient cooking-pit.

'While they hunted,' I went on to say,
'Fionn and the Fianna
ate only one meal a day
and that usually in the evening.

Their stewards used to light great fires
and dig two pits, in one of which
Fionn and the Fianna would wash
while their dinner cooked in the other.'

I regaled them with tales of the hornless deer
and the stag of many tines,
the red-eared hound, the wild ox and boar,
the wolf in its den, and the griffin.

The names of the birds I did spout
that the hunters hunted so gaily,
the grouse, the woodcock with its long snout,
the acrostical capercaillie.

We were off again till we finally sat down
on a hillock that did afford
us a wonderful view of the island on Loughadoon
with its Iron Age fort.

Ní raibh aon ghá a thuilleadh a bheith ag cumadh scéil dóibh,
rith a samhlaíocht thar cuimse.
Bhí fathaigh, manaigh, lucht na Craoibhe Rua
acu suite ar aon bhinse.

Bhí an loch modardhorcha, dubh, salach
lán de mhianach an phortaigh
is ba dhóigh leat air go n-éireodh an phiast neoiliteach
aníos as chun sinn a shlogadh.

Lastuas do bhí an sconna inar cuireadh an leanbh Oscar
i bhfolach faoi chab cloiche
chun ná cloisfeadh sé an gráscar, ach do chuala,
léim is dúirt: 'Tá an cath coiteann.'

Faoin am seo bhí sé ag éirí fuar
is bhí daoine ocrach
is faoin am go rabhamair ag casadh abhaile
bhí cuid againn cancrach.

Is chualathas mo chéile ag rá ina theanga féin
'Ná fiafraigh d'fhile cá bhfuil an bóthar go Baghdad.
Léimfidh a samhlaíocht thar íor na spéire
is raghaidh tú amú sa phortach.'

Admhaím go raibh an tsiúlóid achrannach,
is an talamh fliuch
is gur chuaigh cuid againn síos go hioscadaibh
ins an bhféith bhog.

Ach do chonaiceamair uainn
an préachán cosdearg is an caislín cloch
is bhíomair chomh bodhar acu nach mór nár thuigeamair
caint na bhFiach nDubh.

There was no longer any need for my story-telling art
now that their own imaginations ran riot
and giants, monks and the Knights of the Red Branch
jostled each other on one bench.

The lough itself was dark from the sediment
and seepage of the peat
and you'd have thought a neolithic serpent
would rear up and swallow us in one bite.

Above the lough was the freshet
where the infant Oscar was hidden behind a ridge
so he wouldn't hear the fighting: he leapt up with a shout,
'All around us the battle doth rage.'

By this time there was a nip in the air
and our stomachs began to rumble
and, as we started back for home, I fear
some did gripe and grumble.

And my husband was heard to remark in his own tongue,
'Don't ask a poet the way
to Baghdad for among
the bogs and bog-holes she'll lead you astray.'

I admit that the going was a bit
heavy and the ground so damp
that some of us were up to our armpits
in the swamp.

But we saw ahead of us the red-legged chough
and the stonechat
and we'd listened to them loud and long enough
to understand what the ravens said.

Is do phiocas toirtín den dtím fhiain
'ris a ráitear lus mhic rí na mbrat'
chun a chur i gcuimhne dhom ar feadh scaithimhín eile
an draíocht a bhí ag roinnt leis an loch.

Mar anois tráthnóna, faoi bhun easa
snámhann ceithre eala faoi gheasa
— Fionnuala is a triúr dearthár
is thíos fúinn i mbéal an ghleanna

cloisimid uaill gadhar is gárthaí fear
mar a bhfuil tréada caorach á seoladh abhaile
ag lucht aoireachta nó eilití maola
á seilg ag an bhFiann.

And I picked a tuft of wild thyme,
'the herb of the son of the King of the Cloaks',
so the memory wouldn't dim
of the spell cast by the lough.

Because now, at evening, on a tributary
of the Scoraid four swans move —
Fionnuala and her brothers three —
while below us, from the valley-mouth,

come hound voices and the view-halloo
not of shepherds, no,
but Fionn and the Fianna hunting high and low
for that elusive, hornless doe.

Immram

1. Cathair Dé Bhí

An té a bhreac i scrioptúr ar bith
nach amhlaidh atáimid tar éis teacht go dtí
rudaí somhínithe; ar chlé scamaill dhúdhorcha
agus duifean agus spéirling, blosc stoic agus glór gártha
a thugann ar lucht a éisteachta luí síos is impí
is triall ar thoscairí a sheachadadh ag iarraidh anacal anama.
An té a bhreac an méid sin
do bhreac sé an diabhal d'éitheach! Le dhá ghlúin nó trí
táimid gafa trí róipíní — dhá chogadh dhomhanda,
spalladh triomaigh is gortaí, sé mhilliún Giúdach
ídithe ina n-íobairt dhóite, gan trácht ar cad
a dhein a dtaoisigh féin le muintir Chambodia . . .
is gan sinn tagaithe céim níos cóngaraí do Shliabh Shíón,
nó Cathair Dé Bhí, a Iarúsailim neamhaí.

Uaireanta chím uaim í, ag íor na spéire
mar oileán, áit nach raibh éinne roimhe riamh.
Uaireanta eile taibhsítear dom í i lár an ghaineamhlaigh,
suite ar bharr stocán cloiche, in áit éigin
mar Dakota, nó Nevada nó Wyoming.

The Voyage

1. The City of God

Whoever wrote in scripture, of whatever kind
or kidney, that it's not as if we might quite suddenly find
all made abundantly clear — to the left, dark clouds
and thunder-claps and trumpet-blasts and the voices of crowds
that have those who hear them get on their knees
to pray that peace emissaries
be dispatched — whoever made such a revelation
was full of it: over a mere couple or three generations
we've been subjected to two
World Wars, droughts, famines, at least six million Jews'
burnt offerings, not to speak of the impieties
visited upon the people of Cambodia . . .
and we've not come one step closer, all the same,
to Mount Zion, nor the City of God, that heavenly Jerusalem.

Sometimes I glimpse it, though, that heavenly city,
however evanescently, there, at the very horizon,
like an island where no one has ever set
foot: sometimes it appears to me in the middle of the desert;
on top of a sandstone chimney-pipe or column
somewhere in South Dakota or Nevada or Wyoming.

2. An Turas Farraige d'Oíche

Bhí cuid de mo mhuintir romham
a thóg a seolta ar an dturas farraige seo cheana.
D'fhágadar litreacha faoi shéala sa tigh lóistín dom
ach nuair a thriailim iad a léamh ná léann an scríbhinn orm!
Deir bean an lóistín liom brostú, go gcaithfead bheith ag
     glanadh.
'Féach suas', ar sí 'ar an ngealaigh. Tá sí in airde láin
is ní fada eile go mbeidh an taoide ag casadh.'
Is fóill airiú, a chóisteoir, dein deabhadh, dein deabhadh.
Cuir uait do chaint ar ghaiscíocht pharaimíleatach.
Cuir umat do libhré is do hata cairilíneach
is tabhair an fhuip dos na capaill. Seo thíos uainn an crosaire,
crosaire na gceithre rianta. Tá an bóthar ar chlé ag dul
go Cathair na nGairdíní. Tógaimis an bóthar ar dheis
go Cé na mBád.

2. Night-Crossing

Some of my people before me have hoisted their sails
and set out on this same escapade:
they left letters affixed with seals
in the boarding-house: I try to read them; the writing fades;

the landlady tells me to hurry, it's time to weigh
anchor and burn
some rubber. 'Look,' she says, 'just look at how high
and full the moon is: the tide's about to turn.'

So shift yourself, coachman, let's see you strip
those gears. Forget about Boys being Boys and all that
    hullabaloo:
put on your tricorn hat and your livery

and give the horses a taste of the whip.
You see where the four roads meet there down below?
The left goes to the Garden City. The right takes us to the
    ferry.

3. An Bhreasaíl

Cloisim tú
ag glaoch orm
san oíche

ag rá liom teacht
go dtí do oileán
draíochta.

Fuaimníonn do ghuth
mar thoirneach
thar an mbóchna.

Is mórthaibhseach
do ghlór
agus is naofa —

'Tair chugam, tair
chugam, éinne
atá traochta.'

3. Hy-Breasil

I hear you call
out to me
in the night

asking me to come
to the Isle
of Enchantment.

Your voice sounds
like thunder
o'er the foam.

Magnificent
and worshipful
is its boom —

'Come to me,
come to me, all
who are tired.'

4. An Chéad Amharc

I Zeppelin a bhíos
nuair a fuaireas mo chéad amharc
ar an oileán,
is mé i mo luí i leaba ospidéil
go mór faoi thionchar drugaí suain.

Do sheolamair os a chionn in airde
is d'fhéach síos ar an bhféar glas
a bhí ag teacht go glúine ar na beithígh ann
is é lán suas d'ollmhaitheas.

Chonaiceamair leagan amach na bhfeirmeacha
is suíomh na mbailtí
is tháinig na hoileánaigh amach chugainn i naomhóga
ag fáiltiú romhainn le gach saghas bídh.

Tá an t-oileán lán de bhláthanna
is de chnónna aduaine
agus is féidir leis bogadh leis ar fuaid na cruinne
ós na tíortha teo suas go dtí na farraigí fuara.

4. First Sight

I was lying in a hospital bed
spaced out on Valium
when I first caught sight
of the island from my Zeppelin.

As we drifted over
I could make out the cattle
up to their knees in clover
and hay good enough to bottle.

As we studied the patchwork
of farms and village streets
the islanders came out in currachs
with their arms full of treats.

This island has flowers and plants
and exotic nuts galore
and moves swiftly about the planet
from Alaska to the Azores.

5. An tOileán

Nuair a nocht an t-oileán ar dtúis
mar léas i mBun Cárthaí, i gceantar farraige
nach raibh aon ní roimhe riamh ann
do dhein muintir na háite iontas is scéal nua de.

Do líon an domhan móra is a mháthair
isteach i gcairteacha
is mar a dúirt an fear i dtaobh an chaca mhóir
a dhéanfá i lár an bhóthair
gan ach é a chur amach ar Raidió na Gaeltachta —
do thángadar anoir is aneas is aniar is aduaidh
ag féachaint air.

Bhí scuainte móra gluaisteán
ag gabháilt siar os cionn dhá mhíle slí
ar dhá thaobh de bhóthar na faille.
Chaith cuid acu beaiceáil suas i gcoinne an aird
le méid agus stuacaíocht an tráchta a bhí ina gcoinne.

Bhí cuid eile acu a chuaigh ar lár
i dTráigh an Choma
nuair a thriaileadar casadh ar an ngaineamh ann.
Cuireadh fios ansan ar tharracóir
chun iad seo a bhogadh
agus is amhlaidh a dhein seo cocstí ceart den obair.

Sa deireadh
caitheadh flít Gardaí a chur amach chucu
chun stiúir a chur orthu.
Dúnadh an bóthar sa tranglam
ach roimhe sin
dhein lucht díolta uachtar reoite is sceallóg
a mbuilín orthu.

5. *The Island*

When the island appeared out of nowhere
like that half-rainbow
that sometimes appears south-west of Slea Head
the locals were all agog.

The world and his wife and mother
piled into their motors
and, as the man said about taking a crap
in the middle of the road
just to get a mention on the wireless,
they came from all arts and parts
to take a gander.

They were lined up bumper to bumper
for more than two miles
on both sides of the coast road.
Some of them had to back up on to the shoulder
on account of the sheer force of oncoming traffic.

Others got bogged down
on Coumeenole Strand
when they tried to turn round on the sand.
They sent for a tractor
to pull them out
which made a right balls of the whole thing.

At the end of the day
a whole fleet of Guards had to be dispatched
to restore law and order.
In the midst of all this confusion the road was closed
though not before
the ice-cream and fish-and-chip vendors
had made a killing.

6. Suíomh agus Ionad

Athraíonn sé seo ó lá go lá.
Uaireanta bíonn sé i bhfogas míle go leith don mBlascaod.
Uaireanta eile bíonn sé leath slí amach sa bhá.
Tá laethanta ann go dtagann sé chomh cóngarach san
gur dhóigh leat nár ghá
ach do láimh a shíneadh amach is do mhéaranta a leagadh air
(comhartha siúráilte báistí).
Tá cuma teochreasa air ar uairibh is nuair a d'fhéachfá sa
    chianradharcán
chífeá crainn phailme is banana ann.
Nuair a chonacsa é don gcéad uair
tuigeadh dom go raibh sé áit éigin amuigh san Aigéan Indiach.

6. Latitude and Longitude

It changes from day to day:
sometimes it lies within a mile and a half
of the Great Blasket, sometimes in the middle of the bay.

Then again
it comes so close you'd think you've
only to reach out and touch it: this is a sure sign of rain.

It has a tropical look on occasion:
the first time its palms and banana-trees hove
into view in my telescope, it seemed to lie in the Indian Ocean.

7. Poiblíocht

Th'anam 'on diabhal ach níl aon teora leo!
Oiread cleatarála ní raibh anseo timpeall
ó tháinig an tóithín 'on Daingean,
nó ón uair a bhuail an bád lasta san, an Ranga
i gcoinne na gcloch thiar ar Leacacha an Rae,
go rabhthars feadh na hoíche ag coimeád galanna leis na
   mairnéalaigh inti
go dtí gur cuireadh bhuinseanna amach ar maidin chucu.

Caitheadh carrchlós nua a thógaint
ar fhaobhar na faille
a mbíonn de bhusanna is de thúranna ann.
Tá leithreasaí nua leis ann, d'fhearaibh is do mhnáibh
san ionad acmhainne is oidhreachta.
Díolann tú dhá phunt (leathphraghas: pinsinéirí is leanaí)
chun taispeántas a fheiscint
ar oileán nach bhfuil ann,
a mhiotaseolaíocht is a mhaoin,
a onnmhairithe is a ainmhithe.

D'oscail an Taoiseach é.
Dúirt sé san óráid
gur mhaith leis a chur in iúl
go háirithe is é, mar a déarfá, ina chomharsa
béal le cuan,
gur fhear sé fíor-chaoinfháilte
roimh mhuintir an oileáin
idir óg is aosta, idir fhearaibh agus mhnáibh
go dtí na ballaibh seo.
Is go bhféadfaí a bheith ag súil
amach anseo le haontas polaiticiúil
a raghadh chun tairbhe gach éinne.

7. Publicity

I'll be damned if they're not the limit.
Nothing has caused such a stir hereabouts
since the dolphin came to Dingle
or the time the freighter, the *Ranga*,
ran aground back west and all night long
cigarettes were passed to the crew
till winches could be sent out in the morning.

They had to build a new car-park
on the edge of the cliff
to cope with the number of tour-buses.
There are new toilets as well, for ladies and gentlemen,
in the Heritage Centre:
you pay two pounds (half-price for kids and OAPs)
to see an exhibition
about a non-existent island,
its mythology and natural resources,
its exports and fauna.

The Taoiseach opened it:
he mentioned in his address
that he would like it to be known —
particularly when he was, so to speak,
a 'next bay' neighbour —
that he extended a sincerely warm welcome
to the people of the island,
young and old, men and women,
to this particular neck of the woods
and that one could surely hope
in the future for a political unity
that would be advantageous to all concerned.

B'in sarar chuaigh dream antraipeolaithe
i dtír ann
is tar éis taighde chruinn fhaidbhreathnach
(a mhair tréimhse deireadh seachtaine amháin)
do thángadar ar an dtuairim láidir
(d'aon ghuth)
go raibh na hoileánaigh raidghníomhach.

That was before a shower of anthropologists
went ashore
and after a scrupulous, wide-ranging study
(that took up all of one weekend)
arrived at the unequivocal
and unanimous conclusion
that the islanders were radioactive.

8. Teist Mhuintir Dhún Chaoin ar an Oileán

'Is an bhfuil an Bhreasaíl ann in aon chor?
A Bhab, cad déarfá?'

'B'fhéidir é.
Bhí fear agus bean ag maireachtaint anseo timpeall
tráth dá raibh is bhí beirt mhuirir orthu, buachaill is cailín.
Cailleadh an mháthair is bhíodh an t-athair
is an mac ar an bhfarraige gach lá, amuigh ag iascach
is an cailín ag coimeád an tí dóibh.
Thángadar abhaile lá is ní raibh aon rian di
le fáil. Bhí sí imithe, gan tásc ná tuairisc.
Blianta fada ina dhiaidh sin nuair a bhíodar amuigh ag iascach
do tháinig an ceo seo anuas orthu is nuair a ghlan sé
thángadar ar oileán in áit nach raibh aon cheann roimhe riamh.
Bhí an iníon istigh ann is chuir sí na fáiltí geala rompu.'

'Is do tháinig sí abhaile leo, ab ea?'

'Ní dóigh liom é. Chaith sí fanacht ann.'

8. The Testimony of the People of Dunquin

'Does Hy-Breasil exist at all,
dear? What do you think?'

'Maybe so.
There was a man and his wife living in this vicinity
one time who had two children, a boy and a girl.
The mother died and the father
and son would be out fishing every day
while the girl kept house.
They came home one day and there was no sign of her.
She'd disappeared without trace.
Years later they were out fishing
when a mist fell on them and once it cleared
they came upon an island where nothing had been before.
There was the daughter, who welcomed them warmly.'

'She came home with them, but?'

'I don't think so. She had to stay put.'

9. Coco-de-Mer

Deir siad ar an oileán
go bhfuil saghas áirithe crainn
a dhileann cnónna ábhalmhóra
coco-de-mer isteach sa toinn.

Tá cuid des na crainn fireann
is a thuilleadh acu mar mhnaoi
is maireann an dá threibh scartha óna chéile
i ndoirí difriúla sa bhfotharchoill.

Ach de réir an scéil oíche amháin sa bhliain
craitear cré de sheanphréamhacha nuair a éiríonn na crainn,
gluaiseann i bhfochair a chéile
is téann i mbun gnímh.

Buailtear géag ar ghéag ann,
ceanglaíonn rútaí ar bhrainsí
is éinne a chíonn an chúpláil
deintear de carn glóthaí

ar an dtoirt. Bhíos-sa is mo pháirtí
ag teacht abhaile déanach istoíche
nuair a chualamair an torann laistiar dúinn
is do dhruideamair isteach 'on chlaí.

Níor leomhamair ár gceannaithe a iontó,
meaits a lasadh ná oiread is corraí.
D'imigh na crainn tharainn de thruist láidir
go tulcanta talcanta talantur.

9. Coco-de-Mer

It's rumoured that on the island
there's a particular tree
that drops these enormous coconuts
known as 'coco-de-mer' in the sea.

Some of these trees are male
and some female: they live
quite apart from each other
in their separate coconut-groves.

On one night in the year, however,
they shake the mud off their roots and veer
towards each other
for a bit of how's-your-father.

Limb upon flailing limb:
branches and roots enmeshed;
anyone who witnesses this tree-tryst
will at once turn into a heap of mush

or a pillar of salt. I myself and my companion
were coming home late at night: we heard such
a commotion behind us
that we immediately faced into the ditch

and didn't dare look back
or light a match or move a muscle
as the trees went jumbering past
with their judders and jolts and jostles.

10. Greidhlic

Tráth go rabhas amuigh
ar an oileán
ba é ba mhó ba chúram dom ná
dreapadh suas is síos na failltreacha
ag bailiú greidhlice,

planda go bhfuil ainm chomh hálainn air
go bhféadfá an focal féin
a thógaint i do bhéal
is é a chogaint.
Díreach ag cuimhneamh air
tagann uisce trí sna fiacla
ar mhuintir an oileáin.

Geirgín nó cabáiste faille a ainm
oifigiúil i nGaeilge.

10. Samphire

Once when I was out
on the island
I spent most of my time
clambering up and down the cliffs
gathering samphire,

a plant with such a gorgeous name
you could take the word itself
in your mouth
and chew on it.
The very thought of it
has the islanders
salivate.

'Saltwort' or 'cliff-cabbage'
is its official name in proper Irish.

11. Cárta Poist Abhaile

Tá earraí ana-dhaor san áit seo.
Inné
bhíos ar mo shlí síos feadh na gcéibheanna
go caifé
nuair a chonac i bhfuinneog siopa
scata éanlaithe stuáilte.
Do chuimhníos láithreach ortsa, a chroí,
nuair a chonac an t-éan is mó is ansa leat,
an bonnán buí,
ina sheasamh suas cruinn díreach,
a mhuineál leata is cuma na scríbe air.
Cheapas go bpriocfainn suas é
ar neamhní
is go dtabharfainn mar fhéirín abhaile chugat é.
Ach nuair a d'fhiafraíos díobh cé mhéid é
gheit mo chroí.
Bhí sé i bhfad i bhfad
thar raon m'acmhainne.

11. A Postcard Home

Things are so expensive in these parts:
yesterday
I was on my way to a café
on the quays
when I noticed in a shop window
a pile of stuffed birds.
I thought of you immediately, dear heart,
when I saw your favourite,
the yellow bittern,
standing stock still, its neck stretched out,
looking somewhat worn and weatherbeaten.
I thought I might pick it up
for next to nothing
and bring it home to you as a token.
But when I asked them how much it cost
I was quite taken aback,
it was so far over and above
what I could afford.

12. An Tonn

Sarar bhris an taoide timpeall na mainistreach
is gur chuaigh sí faoi loch arís
fuaireas iasacht chapaill ráis ó fhear ó Chill Airne
is dheineas iarracht dul i dtír inti.
D'fhanas go maidin lae Bealtaine na seachtú bliana
nuair is mó a bheadh an t-oileán saor ó dhraíocht
is do thriomaigh an talamh siar go híor na spéire
leis an mallmhuir is mó a tháinig riamh.
Do chonac i bhfad uaim an ceathrar banphrionsa
ag siúl timpeall na cathrach
is brat síoda casta timpeall ar a ngualainn acu.
Thugas dos na tréinte é is na spoir don gcapall
is do sciobas ceann des na brait liom ón bhfalla
mar a ligeadar uathu iad agus iad ag cíoradh a gcinn.
Bhí liom mar ba dhóigh liom go dtí gur labhair
an guth laistiar dom de fhuaim thoirniúil is d'fhógair
'Lean í is bain di mo bhrat, a Thonn Tóime',
is d'éirigh an t-ólaí mór lomdíreach suas san aigéan.
Sin an méid is cuimhin liomsa de.

Nuair a dhúisíos arís bhíos luite ar shínteán
ag ceann staighre ospidéil. Bhí m'fhear céile ag a bhun
is é ag féachaint ana-shuaite faoin am gur thángas chugam féin.
Deir na daoine a bhí ar an bhfaill ag faire
gur thit an tonn anuas orm díreach is mé ag glanadh
amach líne barra na taoide is gur dhein sé dhá leath
den gcapall. Gur thiteas-sa is an leath tosaigh isteach
ar an dtír is gur tairrigíodh an leath eile siar síos.
N'fheadarsa faic ina thaobh seo.
Is fíor go gcaitheann siad taibléidí a thabhairt dom
toisc go bhfuil mo *nerves* ag cur go holc orm.
Is fíor in ainneoin gach cóir leighis go ndúisím
i lár na hoíche ag crith le himeagla

12. The Wave

Before the tide broke over the monastic settlement
and it once more went
under, I got the loan of a race-horse from, of all
things, a Killarney man and attempted to make landfall.
I waited till May Day morning of the seventh year
when the island would be almost completely clear
of sorcery and the land had dried out as far
as the horizon, what with the lowest neap-tides over.
I saw in the distance the four princesses walk
round and round their castle-keep with silk cloaks
over their shoulders. I nudged
my thoroughbred and set off at full tilt. I snatched
one of the cloaks from the parapet where
they'd left them off while they combed their hair.
I was sure I'd made it until I heard
the voice behind me that thundered,
'Follow her, O Wave of Tuam, and retrieve my mantle,'
whereupon this monumental
breaker rose straight up out of the sea.
And that's as much as comes back to me.

When I woke I was confined to a stretcher at the head
of some hospital stairs. My husband had
a worried look as I came to. The bystanders on the cliff
say that the wave
bore down on me as I reached the high-water mark and tore
the horse in two. I was thrown on to the shore
with one half of the horse while the other was pulled
out from under me. None of this rings a bell.
It's true that they have to pump me full of pills
because my nerves are so bad. It's true that despite all
the medication I wake in the middle of the night
shaking with fright

is mé ag brath faoi mar a bheadh falla mór de ghloine ghlas
chomh hard le tigh ag teacht mórthimpeall orm.
Is fíor gur ghlacas col le radharc na mara
is ná téim a thuilleadh in aon ghaobhar don uisce.
Is fíor nach féidir liom bheith riamh im aonar
is go gcaitheann duine éigin a bheith i gcónaí faram.
Ach más fíor, tá aon cheist amháin agam,
ceist nach féidir le héinne a fhreagairt — Cá bhfuil an brat
agus *cé thóg uaim é?*

and imagining something like a wall
of green glass, tall
as a house, all around me. It's true that I can't bear
to look at the sea, never mind go anywhere next or near
water, that I can't be left by myself,
that I need constant supervision. True as this may be,
there's a part of the puzzle no one seems able to solve:
Where is the cloak? And who snatched it from *me*?

13. Fó Thoinn

Cá bhfuilim?
Conas go bhfuil sé chomh ciúin, chomh huaigneach?
Nuair a thángas isteach san áit seo ar dtúis
bhí sé lán go barra le daoine muinteartha.
Bhí rince, ceol is spórt ann
is tarrac ar bheoir is ar fhíonta
ach táim fágtha anois i mbun siopa
is gan de chuideachta agam ach an dall sa chúinne.
Is go fíorannamh a bhíonn aon chuairteoirí againn
is ní thagann éinne ar mo thuairisc
is fiú an fodhuine a thagann ó am go ham
bíonn siad dall aineolach ar a gcúram.
Do tháinig fear de Mhuintir Shé anseo anuas
ní fadó ó shin is dúirt an dall leis,
'Tair i leith anseo chugam, a Mhic Uí Shé,
tair i leith anseo, go gcroithfidh mé láimh leat.'
Do dheineas comharthaí dó gan a láimh a thabhairt
is do shíneas chuige ina ionad barra iarainn.
Do dhein an dall dhá leath den mbarra thar a ghlúin
is gháir ina shlí mhailíseach fhéinig,
'Ba mhaith láidir an spanla láimhe a bhí agat,
A Mhic Uí Shé', ar sé is na trithí air.
Ansan dúrt leis an leaid go raibh a rogha aige
ar aon rud sa tsiopa go dtiocfadh a láimh timpeall air.
Bhí sé ag féachaint is ag breathnú ar gach aon rud san áit
is mé ag seasamh ar a aghaidh amach ag cur an dá shúil tríd.
Níor thuig sé in aon chor cad a bhí i gceist agam:
gur mé fhéin ba chirte dhó a thabhairt leis.
Is cad deirir gurb é an rud ar ar luigh a shúil
ná culaith aidhleanna, idir chasóg is treabhsar.
Thug sé leis iad go lúcháireach, á rá go mbeidís 'riúnach
ar an bhfarraige. Ar sin de bhuíochas
ar mhéid mo mhaitheasa dó, ag sábháilt na láimhe air!
Fearaibh!

13. Under the Wave

Where am I, I wonder?
Why is it so quiet, so forlorn? When I first came under
the place was bursting at the seams
with good company. Music. Dancing. Fun and games.
Any amount of beer and wine.
Now I'm left on my own
to look after the shop
with only the blind man in the corner for companionship.
Only once in a blue moon does a visitor
beat a path to my door
and even then they don't have the first notion
as to how to deal with the situation.
Not so long ago, one of the young O'Sheas
came down and the blind man says to him, he says,
'Come over, young O'Shea, come over here and
let me shake your hand.'
I motioned to him to do no such
thing and reached
him instead an iron bar. The blind man broke the bar in half
across his knee and laughed his familiar, malevolent laugh:
'Well, young O'Shea. That was one strong staff
of an arm you used to have.'
I drew the lad to one side and offered him his choice
of any items of merchandise
he could get his arms round. He started to size
up this and that while I stood right before him, my eyes
fixed on him. He simply hadn't understood
that I myself might be the goods.
And would you believe what my young Hussar
finally settled on? An oilskin coat and pair of trousers
that he carried off delightedly,
saying how they were just the ticket for going to sea.
That's the thanks I got for acting the Good Samaritan
and saving his arm. What do you expect, though, from a man?

14. Beirt Fhear

Nuair a tháinig an bád i radharc an oileáin
ba dhóigh leat gurb é dug na Gaillimhe é.
Bhí fear ina shuí ag ceann an ché
is a dhá chois ar sileadh le fánaidh aige.
Bhí fear eile ag máirseáil suas is síos
is níorbh aon an-earra é.
Dúirt an captaen leo dul síos faoin ndeic
is aibhleog nó spré den dtine a fháil.
Nuair a chonaic fear na máirseála an spré
bhí na haon mhallacht aige.
Níor theastaigh uaidh an spré a chur i dtír
ach ba chuma leis an bhfear eile faoi.
'Cuir i dtír é is ná géill dó,'
a sméid sé i leith orthu.
Ach ansan dúirt treasnálaí éigin ar an mbád
nach spré in aon chor ach mám chré
ba chóir a chaitheamh leis. Bhí raic ansan.
I lár na hargóna i dtaobh spré nó cré
do clúdaíodh an t-oileán faoi bhrat ceo
is n'fheacthas a thuilleadh aon ruainne dhó.

14. Two Men

When the boat came in sight
of the island it was reminiscent of the docks at Galway.
There was a man sitting at the head of the quay
with his legs dangling over the side.
Another was marching up and down the dock
who looked like a nasty piece of work.
The captain told us to go below deck
to bring up a glowing ember or spark.
When the marching man saw the glowing coal
he began to eff and blind
since he couldn't thole
its coming ashore, though the other didn't seem to mind.
'Fire ahead,' he said with a wink and a nod,
'and pay no attention to you-know-who.'
Then up spoke one of our motley crew
to say that it wasn't a coal but a clod or a hodful of sod
we should throw: in the ensuing hullabaloo
on the relative merits of coal or clod
the island itself was covered by a blanket of cloud
and completely disappeared from view.